FastTrack
STRUCCIÓN MUSICAL

Mi bemol
Saxofón 1
INTRODUCCIÓN

Compraste un saxofón...¿y ahora qué?

¡Felicitaciones! Te ves muy bien con ese saxofón nuevo (incluso al pararte en frente del espejo y simular que produces el sonido que escuchas en la radio). ¿Pero tus amigos y familiares no estarían más impresionados si realmente pudieras tocar la condenada cosa?

En solo unas pocas semanas, estarás tocando algunas célebres melodías e riffs y técnicas increíbles. Al finalizar este libro, estarás listo para tocar co cantar éxitos de The Beatles, Clapton, Hendrix y muchos más.

Todo lo que pedimos es que tengas en cuenta las tres P: **paciencia, práctica** y r... **ritmo.**

No trates de abarcar más de lo que puedes, y NO te saltes pasos. Si te duelen los labios, tomate el día libre. Si te sientes frustrado, suelta el libro y retómalo más tarde. Si te olvidas de algo, vuelve a leerlo para aprenderlo de nuevo. Si la estás pasando bien, olvídate de la cena y sigue tocando. Y lo más importante: ¡diviértete!

ACERCA DEL AUDIO

Qué bueno que notaste el bonus extra, ¡pistas de audio! Cada ejemplo musical del libro está incluido, por lo que puedes escuchar cómo suena y tocar a la par cuando estés listo. Escucha cuando veas este símbolo: 🔊

Cada ejemplo está precedido por una medida de "clics" para indicar el tempo y la métrica. Desplázate hacia la derecha para escuchar la parte del saxofón enfatizada. Desplázate hacia la izquierda para escuchar el acompañamiento enfatizado. A medida que ganes en confianza, intenta tocar junto con el resto de la banda.

> Para obtener acceso al audio, por favor visitar:
> **www.halleonard.com/mylibrary**
>
> 5415-7172-2453-7419

ISBN 978-0-634-05130-2

HAL•LEONARD®

Visita Hal Leonard en la red en
www.halleonard.com

Contáctenos:
Hal Leonard
7777 West Bluemound Road
Milwaukee, WI 53213
Email: info@halleonard.com

En Europa contacto:
Hal Leonard Europe Limited
Distribution Centre, Newmarket Road
Bury St Edmunds, Suffolk, IP33 3YB
Email: info@halleonardeurope.com

En Australia contacto:
Hal Leonard Australia Pty. Ltd.
4 Lentara Court
Cheltenham, Victoria, 3192 Australia
Email: info@halleonard.com.au

UN BUEN LUGAR PARA EMPEZAR

El saxofón es tu amigo

Un instrumento puede convertirse en un buen amigo a lo largo de los años—puede ayudarte a atravesar los momentos difíciles y hacerte olvidar las tristezas. Entonces, antes de comenzar, elijamos un nombre para tu saxofón.

¡Qué hermosura!

A continuación se muestran imágenes de las diversas partes de un saxofón alto. Familiarízate con estas partes, y (principalmente) aprende cómo juntarlas de la manera adecuada (se explica en la página siguiente)...

Cubierta de la boquilla

Lengüeta

Boquilla

Cuerpo

Ligadura

Cuello sin boquilla

Correa para el cuello

LEE ACERCA DE LAS LENGÜETAS: Las lengüetas están numeradas. Mientras más alto sea el número, más difícil será obtener un sonido bueno. De esta forma, comienza con un "2" o "2 1/2" y trabaja en forma ascendente a medida que avanzas.

CÓMO JUNTAR LAS PARTES

¿Estás un poco confundido? Aquí te detallamos cómo "armar" tu saxofón:

 Encuentra la **correa** y colócatela alrededor del cuello (¡es obvio!).

 Desliza la **boquilla** lentamente por sobre el extremo de corcho del **cuello**. Intenta girarlo lentamente y realiza una presión a la misma vez. Si escuchas un chillido, o si lo sientes demasiado ajustado, aplica un poco de grasa en el corcho e intenta nuevamente. (Puedes encontrar grasa para corcho en la mayoría de las tiendas de instrumentos musicales). La boquilla debe cubrir aproximadamente tres cuartos del corcho (no el corcho entero).

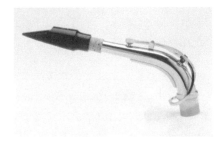

Boquilla sin la lengüeta

 Coloca la parte delgada de la **lengüeta** en la boca durante aproximadamente 30 segundos para humedecerla.
(NOTA: Puedes hacer los pasos 2 y 3 a la misma vez).

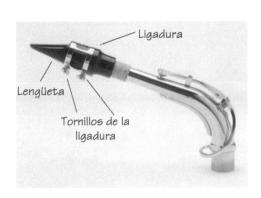

Ligadura

Lengüeta

Tornillos de la ligadura

 Coloca la lengüeta en la **boquilla**. La parte plana de la lengüeta se coloca en contraposición a la parte plana de la boquilla (tiene sentido de esta forma, ¿eh?).

 Desliza la **ligadura** hasta que se encuentre en el lugar adecuado (sobre la lengüeta y la boquilla) y, a la misma vez, sostén la lengüeta con el pulgar. La lengüeta se debe colocar de manera que solo una línea muy fina de la boquilla negra quede visible detrás de la lengüeta.

 Ajusta los **tornillos de la ligadura** firmemente (trata de no excederte).

 Introduce el **cuello** (con la boquilla) en el **cuerpo** del saxofón. (En primer lugar, asegúrate de aflojar el tornillo en la parte superior del cuerpo).

 Engancha la **correa** en el **cuerpo** del saxofón y realiza los ajustes necesarios en la correa para lograr mayor comodidad. La boquilla debe estar nivelada con la boca cuando te encuentras de pie.

Saxo con correa

DOBLA ESTAS DOS PÁGINAS

(...vas a necesitar repasarlas más tarde)

La música es un lenguaje con sus propios símbolos, estructuras, reglas y excepciones a estas reglas. Leer, escribir y tocar música requieren del conocimiento de todos los símbolos y las reglas. Pero vayamos un tono a la vez (algunos ahora, algunos después)...

Notas

La música está escrita con pequeños elementos llamados **notas.** Las notas vienen en todas las formas y tamaños. Una nota tiene dos características esenciales: su **tono** (indicado por su posición en el pentagrama) y su **valor rítmico** (indicado por los siguientes símbolos):

El valor rítmico te permite saber cuántos tiempos dura cada nota. Comúnmente, una negra equivale a un tiempo. El resto es similar a las fracciones (¡nosotros también odiamos las matemáticas!):

Pentagrama

Todas las notas se ubican sobre (o cerca) de un **pentagrama,** que consiste en cinco líneas horizontales paralelas y cuatro espacios. Cada línea y espacio representan un tono diferente.

Líneas suplementarias

Como no todas las notas caben en únicamente cinco líneas y cuatro espacios, **las líneas suplementarias** se usan para extender el pentagrama:

Clave

El símbolo que se denomina **clave** indica qué tonos aparecen en un determinado pentagrama. La música emplea una variedad de claves, pero solo nos preocupa una:

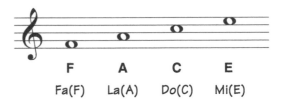

Clave de sol

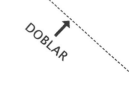 DOBLAR

Un pentagrama de **clave de sol** hace que las líneas y los espacios tengan los siguientes tonos:

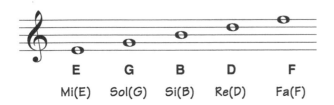

E — Mi(E)　　G — Sol(G)　　B — Si(B)　　D — Re(D)　　F — Fa(F)

F — Fa(F)　　A — La(A)　　C — Do(C)　　E — Mi(E)

Medidas (o barras)

Las notas en un pentagrama están divididas en **medidas** (o "barras") para que sepas en qué parte de la canción te encuentras. (¡Imagina leer un libro sin puntos, comas ni mayúsculas!).

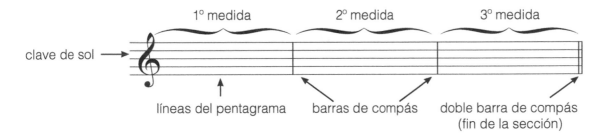

1º medida　　2º medida　　3º medida

clave de sol →

líneas del pentagrama　　barras de compás　　doble barra de compás (fin de la sección)

Marcas de tiempo (o métrica)

Una **marca de tiempo** (o "métrica") indica cuántos tiempos aparecerán en cada medida. Contiene dos números: el de arriba indica cuántos tiempos habrá en cada medida; el de abajo indica qué tipo de nota igualará a un tiempo.

cuatro tiempos por medida
negra (1/4) = un tiempo

tres tiempos por medida
negra (1/4) = un tiempo

> **R**elájate por un instante, vuelve a leer y luego prosigue.
> (Confía en nosotros — a medida que avancemos con el libro, lo entenderás).

UNAS CUANTAS COSAS MÁS
(antes de comenzar)

Los diagramas de digitación muestran una parte de las llaves del instrumento además de dónde colocar los dedos para tocar cada nota. Las llaves para la digitación de la mano izquierda se encuentran en la parte superior; las de la mano derecha en la parte inferior.

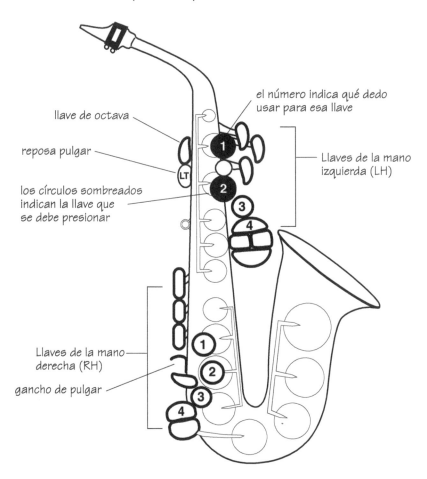

Piensa que los dedos están numerados del 1 al 4 (incluso puedes marcarlos con un bolígrafo o un esmalte de uñas, si quieres).

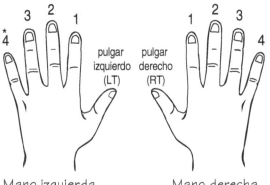

Mano izquierda   Mano derecha

* Triste pero verdad: ni siquiera usaremos el dedo 4 izquierdo en este libro, pero por favor no te lo cortes... todavía.

¿Los dos pulgares?

El pulgar izquierdo debe colocarse en el reposa pulgar (correctamente llamado) justo por debajo de la octava, y el pulgar derecho descansa firmemente bajo el gancho para el pulgar (también correctamente llamado).

LECCIÓN 1

No te sientes allí, ¡toca algo!

Ahora que has armado el saxofón y sabes cómo sostenerlo en forma adecuada, hagamos algo de música...

Para tocar el saxofón debes seguir un proceso de dos pasos: selecciona la nota que se tocará y, para esto, presiona las llaves apropiadas con los dedos mientras soplas a través de la boquilla del saxofón. ¿Parece fácil? Inténtalo.

Nota: Si

Presiona la llave superior (se muestra en el siguiente diagrama) con el dedo 1 izquierdo y sopla a través del saxofón hasta que escuches la primera nota.

> CONSEJO PARA TOCAR EL SAXOFÓN: El labio superior y los dientes superiores deben apoyarse en la boquilla aproximadamente a un centímetro del extremo. El labio inferior debe presionarse suavemente en contraposición a la lengüeta (pero no presiones demasiado).

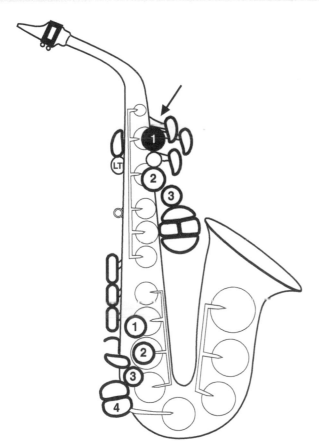

Si se coloca en la línea media del pentagrama (vuelve a la página 5 donde encontrarás una manera fácil de recordar los nombres de las líneas del pentagrama):

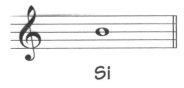

Si

¡Felicitaciones! (Está bien, seguro que hizo un chillido horrible, pero fue tu primer intento). Relájate e intenta nuevamente hasta que quedes satisfecho con el sonido de la nota.

Articulación

La mayor parte del tiempo querrás producir un comienzo y un final definitivo para cada nota. Tal definición se logra mediante la **articulación de la lengua.** Aquí te mostramos…

 Di "ta" cuatro veces lentamente. Ten en cuenta el lugar donde la lengua toca la parte superior de la boca.

 Ahora di "ta", pero sostén el sonido— "taaaaaaaaaaaaaaaaaa".

 Dilo en voz alta; susúrralo.

Así es como "articulas" una nota mientras tocas el saxofón. Al usar el sonido "ta", creas una especie de golpe en la nota que le proporciona un comienzo definitivo. ¿Te resulta muy fácil?

Suficiente entonces, ¡improvisemos!

Coloca la boquilla en la boca y toca la nota Si. Cuando comiences a soplar, articula la nota con el sonido "ta". (Si necesitas una revisión rápida de los valores rítmicos o las marcas de tiempo, vuelve a la página 4).

¡Ta-Da!

¿QUÉ ES ESO? El símbolo "   " indica un punto apropiado en la música para respirar (sí, creemos que es importante también). Respira rápida y profundamente cuando veas este símbolo.

You B Jammin'

Puedes experimentar con otros sonidos que se articulan con la lengua como "tu" y "du". A modo de diversión, intenta con rapidez articular el sonido "ta-da, ta-da, ta-da" a medida que continúas soplando en forma constante. Siéntete libre de experimentar (oye, ¡es tu saxofón!).

AFINACIÓN DEL SAXOFÓN PARA TOCAR CON EL AUDIO

Una nueva característica del método **FastTrack**™ es que puedas tocar junto con el audio. Pero a menos que tu saxofón esté "en sintonía" con el audio, la experiencia será de disgusto y frustración. No tengas miedo—afinar el instrumento es fácil...

Cuando realizas la afinación, corriges el tono de tu instrumento. **El tono** hace referencia a cuán alto o bajo es un tono musical. Esto se regula al ajustar (o aflojar) la boquilla en el corcho.

Toca la nota Si junto con la pista 3. La nota sonará de una de estas tres maneras:

1. **En sintonía**—Tu nota suena de la misma manera que en la pista. ¡Felicitaciones! Saltea el paso 2 y 3 y sigamos adelante.

2. **Bemol**—La nota suena más baja que Si en la pista. Presiona la boquilla lentamente para elevar el tono.

3. **Sostenida**—La nota suena más alta que en la pista. Retira levemente la boquilla para bajar el tono.

No intentes compensar de más. Presiona o empuja de a poco cada vez e intenta tocar la nota nuevamente.

CÓMO FACILITAR LA AFINACIÓN: Si obtienes una **bemol**, tendrás que **empujar** el coche hasta el pueblo.

LECCIÓN 2

Se necesitan dos para bailar el tango...

Una sola nota (independientemente de la perfección con que se toque) puede difícilmente llamarse música, entonces...¿qué pasaría con otra nota?

CÓMO FACILITAR LA DIGITACIÓN: A lo largo del libro, **FastTrack™** te ofrece maneras fáciles de memorizar las digitaciones de las notas. Asegúrate de leer estas sugerencias útiles cuando veas este icono:

Nota: La

Mientras sigues tocando la nota Si (con el dedo 1), simplemente agrega el dedo 2 para la nota nueva.

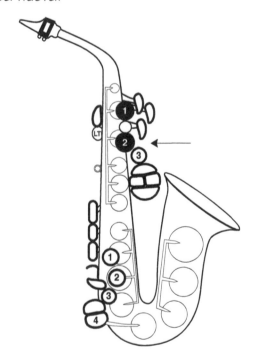

La nota La se coloca en el espacio justo por debajo de la nota Si (recuerda que en la página 5 se proporciona una manera fácil de recordar los nombres de los espacios):

La

 AGREGA UN DEDO: Cuando la nota desciende de Si, simplemente agrega una llave más baja. (¡Qué poesía?)

Intenta tocar la nota nueva con la primera nota:

◗ Si y La
4

ALGUNAS NOTAS MÁS SOBRE MÚSICA

(... ¡perdona el juego de palabras!)

Además de las notas, encontrarás otros criptogramas musicales a medida que avancemos...

Silencios

Un **silencio** musical es una pausa. Los silencios son como notas, ya que tienen sus propios valores rítmicos y te indican cuánto (o cuántos tiempos) pausar:

silencio de redonda   **silencio de blanca**   **silencio de negra**
(cuatro tiempos)   (dos tiempos)   (un tiempo)

Inténtalo...

En el siguiente ejemplo de 4/4, tocarás La, La, pausa, La, pausa, pausa, pausa, pausa, La, La, pausa, pausa, La, pausa, pausa, La:

◀ Take a Load Off

contar: 1   2   (3)   4   (1   2   3   4)   1   2   (3   4)   1   (2)   (3)   4

IMPORTANTE: Un silencio no significa que hagas descansar los dedos y que sueltes el saxofón. Durante un silencio, debes respirar rápidamente y colocar los dedos en la posición adecuada para producir el próximo grupo de notas (está bien, está bien...pronto aprenderás más notas):

◀ Rock, Roll, Rest

Recuerda, de la misma forma en la que lees un libro, ve a la próxima línea de la canción hasta que veas la barra de compás doble (el final).

LECCIÓN 3

Sol, ¡es fácil!

Hay muchas canciones que puedes tocar con dos notas y unos pocos silencios, entonces aquí tienes otra nota para que la música sea más interesante...

Nota: Sol

Para la nota La, agregaste el dedo 2. Ahora solo agrega el dedo 3 para la nota nueva:

Sol se coloca (seguro lo adivinaste) en la línea justo por debajo de La.

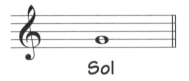

Sol

 AGREGA UN DEDO: Para lograr una nota más baja que la nota La, es necesario agregar una llave más baja que la nota La.

Es hora de hacer ejercicios nuevamente. Practica lentamente y acelera el **tempo** únicamente a medida que adquieras confianza con las notas.

🔊 Combinación de tres notas
7

TIENES RITMO

¡Linda ligadura!

Una **ligadura** conecta dos notas (las hace ver extravagantes) e indica que se debe extender la primera nota (continuar tocando) hasta el final de la nota ligada:

¡Facilísimo! Recuerda contar el tiempo en tu cabeza a medida que tocas. Muy rápidamente comenzarás a pensar y sentir el tiempo como si se tratara de una reacción automática.

¡Las que tienen puntillos también son lindas!

Otra manera de extender el valor de una nota es usar un **puntillo**. Un puntillo extiende la nota a la mitad de su valor. La más común es la **blanca con puntillo**:

Encontrarás blancas con puntillo en muchas canciones, especialmente en aquellas que usan una métrica de 3/4 (es decir, tres tiempos por medida) como la pista 8.

Vals de tres notas
8

Es un buen momento para hacer una pausa, quizás podríamos pedir pizza. Cuando regreses, quítate la grasa de las manos y revisa las lecciones 1-3.

LECCIÓN 4

Ahora pasemos a Do...

Tres notas en tres lecciones, ¡excelente trabajo! Ahora, vayamos al revés, con una nota más alta...

Nota: Do

Al igual que Si, la nueva nota requiere que solo se presione una llave:

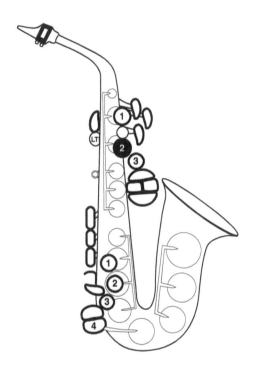

Do se coloca en el espacio justo por encima de Si (la primera nota que aprendiste):

Do

 CÓMO FACILITAR LA DIGITACIÓN: Desde Sol a Si, la regla informal es levantar un dedo para tocar las notas más altas. En lugar de una llave más alta que la nota Si, usa el dedo de numeración más alta; dedo 2.

Aquí hay ejercicios para la nota nueva (junto con algunas de las notas anteriores):

 **Sax by the C**

Una vez que te hayas acostumbrado a la nota Do, podemos tocar canciones mucho mejores con las cuatro notas:

C Me Rock

Barcarolle

Merrily We Rock 'n' Roll Along

LECCIÓN 5

¡No te olvides de la mano derecha!

Ya que has sido tan paciente, te daremos tres notas nuevas en esta lección (¡no agradezcas!):

Notas: Fa, Mi, Re

Pongamos a trabajar a la mano derecha (en la página 6, te dijimos que se saltearía el pobre y viejo dedo 4 izquierdo). Toca la nota Sol con la mano izquierda nuevamente y simplemente agrega las respectivas llaves más bajas con la mano derecha:

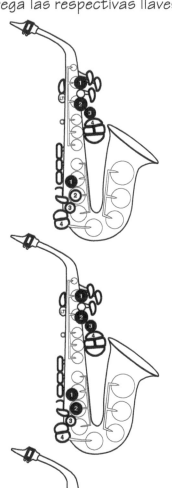

Si suena una nota más baja que Sol, ¿adivina en qué lugar del pentagrama está escrito? Justo—en el espacio siguiente:

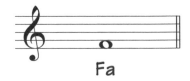

Una nota más baja es Mi, que se coloca en la primera línea del pentagrama:

Re se coloca justo por debajo de Mi (y justo por debajo del pentagrama). Aún podemos contar esto como un espacio:

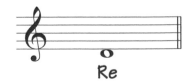

AGREGA UN DEDO: Comienza con los dedos en las tonalidades de Sol—a medida que las notas bajan, agrega las llaves de la mano derecha que también bajan.

El próximo ejercicio (bastante fácil) te permitirá conocer estas tres notas nuevas:

Improvisación con Re–Mi–Fa
13

Siete notas para siete dedos...

Una vez que has aprendido Fa-Mi-Re, toca algunas canciones más interesantes con las siete notas:

Blues for My Dog
14

Down the Road
15

AÚN TIENES RITMO

¿Puedes ahorrarte una negra? ¿Y qué tal una corchea?

Una nota **corchea** tiene una bandera sobre ella:

Dos corcheas igualan a una negra o a un tiempo. Para facilitar su lectura
(¡de nada!), las corcheas están conectadas con una **barra**:

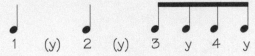

Para contar corcheas, divide el tiempo en dos y utiliza "y" entre los tiempos:

Practica esto contando primero en voz alta mientras marcas el tiempo con los
pies, luego toca las notas mientras cuentas y marcas el tiempo:

¿Y qué hay del resto? ⅞

Los silencios de corchea son iguales, pero haces una...pausa. Cuenta, marca el
tiempo y pausa con los siguientes ejemplos:

Ahora intenta tocar una canción que use octavas. (¡Sigue avanzando!).

Rockin' Riff

LECCIÓN 6
¡Lo estás haciendo bien!

Recuerda que cuando realizabas la afinación del saxofón (en la página 8) usamos los términos "sostenida" y "bemol". Bien, los usaremos otra vez, pero con una leve diferencia.

Poniéndonos a tono...

La música está compuesta de **semitonos** y **tonos**. Una ilustración fácil de esto se ve en un teclado de piano. De una tecla a la siguiente más próxima hay un semitono; dos teclas de distancia constituyen un tono completo.

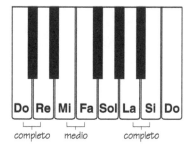

¿Qué pasa con las notas que se encuentran en el medio?

Como las teclas negras del piano, también hay algunas notas "en el medio" del saxofón. Por ejemplo, ten en cuenta que hay una nota entre Fa y Sol (un semitono de cada una):

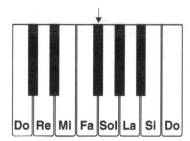

Cuando una canción requiere de una nota que está a solo un semitono más alto o bajo, se coloca un símbolo en esa nota.

Una **sostenida** equivale a un semitono más alto y se asemeja a un tablero de tres en raya: ♯

Una **bemol** equivale a un semitono más bajo y se asemeja a una nota hacia atrás sin aire: ♭

Excepción a la regla...

De Mi a Fa solo hay un semitono y de Si a Do solo hay un semitono:

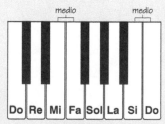

De esta manera, Fa es técnicamente Mi sostenida y Si es técnicamente Do bemol—pero olvídate de eso. Da vuelta la página y aprende estas dos primeras notas que se encuentran "entre medio"...

Aún estás en sintonía (afortunadamente), pero las notas son "sostenidas" o "bemol" aquí a propósito:

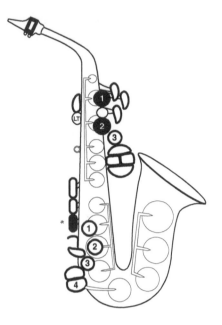

La nota Si bemol está en la misma línea que la nota Si, pero tiene el símbolo bemol apropiado al lado:

Si bemol

* Esta es una nueva llave, que se encuentra en la parte posterior del saxofón.

CÓMO FACILITAR LA DIGITACIÓN: La nota Si bemol está a un semitono más alto que la nota La. Toca la nota La y agrega la nueva llave en la parte posterior del saxofón. Hay otras digitaciones para la nota Si bemol también. Ve a la página 46 y elige la que más te guste (por comodidad y sonido).

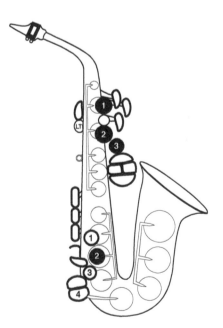

La nota Fa sostenida ocupa el mismo espacio que Fa, pero posee el símbolo de la sostenida de tres en raya:

Fa sostenida

CÓMO FACILITAR LA DIGITACIÓN: La nota Fa sostenida se toca con cuatro llaves igual que Fa, pero en lugar del dedo 1 de la mano derecha usas el dedo 2 de la mano derecha (una llave más abajo).

Ahora probemos con algunas canciones con las nuevas notas "sostenidas" (no se pudieron sostener)...

IMPORTANTE: Cuando aparece una sostenida o bemol en una medida, se aplica a través de toda la medida. No obstante, un **símbolo natural** (♮) cancela una sostenida o bemol, lo que hace que la nota vuelva al tono "natural".

Las barras de repetición (|: :|) te indican (sí, ¡adivinaste!) que debes repetir todo lo que esté en medio de ellas. Si solo aparece una barra al final (:|), debes repetir desde el comienzo de la canción.

Hip-hop Riff

Private Eye Groove

Bluesy Riff

Oye, ¡mira aquí! ¡Observa la música!
(El cerebro ya tiene suficiente, no intentes memorizar las canciones también).

22

LECCIÓN 7
¿Cuánto puedes aguantar?

Debido a que el alfabeto musical solo posee las notas Do a Si, la repetición se producirá finalmente con todos los nombres de notas. Aquí está tu primera nota con un nombre repetitivo...

Nota: Do baja

Esta probablemente será la nota más difícil de tocar (hasta ahora). Sigue practicando con esto:

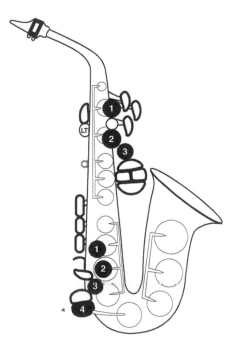

Se acabaron las líneas y los espacios, de manera que Do baja obtiene la **línea suplementaria propia** especial:

Do

* asegúrate de presionar la llave más baja de estas dos llaves.

AGREGA UN DEDO: Recuerda la regla (informal): mientras más baja sea la nota, más serán las llaves bajas que se presionan. Cuando comienzas a tocar notas más altas de la nota Do baja, deja de tocar las llaves más bajas.

Ten en cuenta que en el próximo ejercicio se trabaja el enfoque "agrega un dedo" (o "levanta un dedo"):

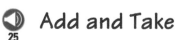

Add and Take

25

Ahora para dos páginas completas de canciones, usando diez notas diferentes que has aprendido (pero no todo a la misma vez)...

Good Night, Fans

CONSEJO DE PRÁCTICA: Podría ser útil colocar los dedos en el lugar que corresponda durante toda la canción (sin soplar) un par de veces antes de tocar el saxofón, de manera que sepas dónde van los dedos.

Yankee Doodle Rock

En lugar de comenzar una canción con los silencios (¡qué desperdicio!), hay otra solución...

Las llaves no solo abren puertas...

En lugar de empezar una canción con un silencio, se puede usar una **anacrusa**. Una anacrusa simplemente borra los silencios. Entonces, si la anacrusa tiene solo un tiempo, debes contar "1, 2, 3" y comenzar a tocar en el 4º tiempo:

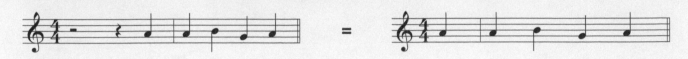

Intenta tocar estas canciones con anacrusas:

 Cuando los santos vienen marchando
31

Oh, Susana
32

26

Une los puntos...

¿Recuerdas la blanca con puntillo (tres tiempos)? Una **negra con puntillo** toma un tiempo y medio:

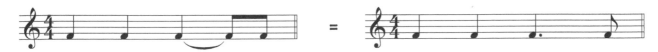

negra   +   puntillo   =   negra con puntillo
(1 tiempo)   (1/2 tiempo)   (1 1/2 tiempos)

Piensa como si fuera una negra ligada a una corchea.

Escucha las pistas 33 y 34 mientras aplaudes al son del tiempo. Una vez que puedas sentir el ritmo de la negra con puntillo, intenta tocarla...

Worried Man Blues

I've Been Rocking on the Railroad

ADVERTENCIA: Si no has dormido desde la página 1,
continuar podría ser peligroso si deseas divertirte al tocar el saxofón.
Tómate un descanso y ve a dormir.

LECCIÓN 8
De Do a Do brillante

De las diez notas que has aprendido, la nota más alta (Do) y la más baja (Do baja) tienen el mismo nombre. Pero hay más de una relación entre estas dos notas—están a solo una **octava** de separación.

Octavas

Una octava equivale a ocho notas de separación. Las notas con el mismo nombre siempre corresponden a una octava (o, a veces, dos octavas) de separación. Si la palabra "octava" te suena familiar, se debe a que en tu saxofón hay una llave denominada la **llave de octava** (ubicada justo debajo del pulgar izquierdo).

¡Te sorprenderá todo lo que puedes hacer con ella! Con solo una llave, puedes aprender siete notas más en menos de un minuto. ¿No nos crees? Toca las notas Re a Do junto con la pista 35:

Ahora tócalas nuevamente (con la misma digitación) con la pista 35, pero esta vez mantén presionada la llave de octava con el pulgar izquierdo mientras tocas cada nota. Estarás tocando estas siete notas nuevas:

¡Bonus extra!

aguda	aguda	aguda	aguda	aguda	aguda	aguda
Re	Mi	Fa	Sol	La	Si	Do

Mientras alardeamos, la llave de octava también funciona con Fa sostenida y Si bemol. (Bien, entonces aprendiste nueve notas nuevas en menos de un minuto. ¡Por algo se llama **FastTrack**™!).

EXCEPCIÓN A LA REGLA: La Do baja y la Do tienen una distancia de una octava, pero no usan el enfoque de la llave de octava. Recuerda tocarlas por separado.

Antes de tocar algunas octavas de la pista 37, anota los nombres de las nuevas notas de octavas altas. (¡Las líneas suplementarias pueden ser confusas!).

Rocktaves

Es una buena idea escribir los nombres de las notas de cualquier canción que toques, especialmente de las que usen octavas altas. No te avergüences de marcar tu partitura, ¡hasta los profesionales lo hacen!

¡Anota esto!

He aquí una canción conocida que emplea un "salto" de octava justo en la primera medida (saca la parte de solista y anótalo):

Take Me Onto the Stage, Please

CONSEJO ÚTIL: Trata de leer más allá de la nota que estés tocando, así estarás listo para el próximo conjunto de notas.

Pack Up Your Troubles

Y ahora, sube y pon a prueba esas nuevas notas con la canción favorita de los norteamericanos...

Star-Spangled Banner

¡Es un buen momento para hacer una pausa!
Llama a tus amigos para que aprendan a tocar otros instrumentos de
FastTrack™, y así podrás armar una banda.

LECCIÓN 9
Hay algo sospechoso...

Conoces todas las líneas y los espacios del pentagrama, además de algunas líneas suplementarias de la parte superior e inferior. Toquemos todas las notas desde la Do baja hasta la nota Do alta (¡pasando por dos octavas!)...

Do a Do a Do
42

¿Te das cuenta de lo que acabas de tocar? Esa fue tu primera escala musical —Do mayor. ¡Y una escala de dos octavas!

¿Qué es un escala?

Una escala es una distribución de notas en patrones específicos de semitonos y tonos completos. La mayoría de las escalas tienen ocho notas de arriba a abajo que representan una octava de separación. La que acabas de tocar comenzó con Do y usó un **patrón mayor**, ya que se trató de la escala **Do mayor**.

A continuación encontrarás dos escalas (una sola octava) más...

Escala de Sol mayor
43

No veremos solo las escalas mayores. Intenta con una **menor** ...

Una escala menor
44

¿Qué hay detrás de un nombre?

Como puedes ver (y escuchar), las escalas mayores no son más grandes ni más importantes que las escalas menores—es solo un nombre. El nombre de la escala se debe a dos cosas: la nota más baja de la escala (denominada la **nota** fundamental) y el **patrón** de tonos completos y semitonos usado.

Elige un patrón...

Con diagramas de piano como ilustración, el patrón de tonos para una **escala mayor** es:

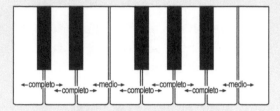

El patrón de tonos para una **escala menor** es ligeramente diferente:

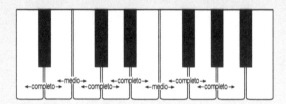

Puedes usar estos patrones y tocar sostenidos y bemoles según corresponda para formar escalas mayores y menores comenzando en cualquier tonalidad.

Aquí presentamos tres escalas más: una mayor y dos menores.

¿Para qué preocuparse?

 Tocar escalas ayuda a adquirir destreza (linda palabra, ¿no?) en la digitación de notas.

 Las canciones y los riffs se basan en escalas, por lo que conocer las notas correctas de una escala ayuda a improvisar mejor un solo.

Tonalidades...

Se dice que una canción basada en la escala de Do mayor está en la **tonalidad de Do**. Como la escala de Do mayor no tiene sostenidos y bemoles, las canciones y los riffs en la tonalidad de Do tampoco tienen sostenidos y bemoles. De la misma manera, las canciones en la **tonalidad de Fa** tendrán un bemol (al igual que la escala de Fa mayor).

Red River Rock
48

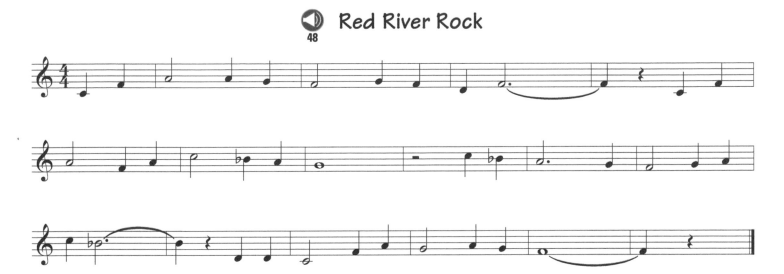

Pero en lugar de tener un símbolo por cada bemol (o sostenido) en una canción, se puede usar una **armadura de tonalidad** al comienzo de cada línea para indicar qué notas son bemoles (o sostenidas) a lo largo de la canción.

He aquí otra canción en la tonalidad de Fa. La armadura de tonalidad indica que debes tocar las notas Sol como Sol bemoles...

Rockin' on Old Smoky
49

¡Atención compradores de **FastTrack**™!
El **libro de canciones para saxofón 1** está disponible en cualquier tienda de música, con los éxitos de The Beatles, Clapton, Hendrix y muchos más.

Ahora en algunas canciones en tonalidades diferentes—la primera en la tonalidad de Sol (observa la armadura de tonalidad):

Bach Rock

La siguiente canción parece no tener una armadura de tonalidad, pero la ausencia de bemoles y sostenidos generalmente significa que estás en la tonalidad de Do:

Little Rock Band

Recuerda comenzar lentamente y acelerar el tempo solo después de que te sientas seguro con las notas y la digitación.

Mayor versus menor

Las canciones también pueden estar basadas en escalas menores. Vuelve a la página 32 y observa que la escala de Fa mayor y la escala de Re menor tienen un bemol. Así, una armadura de tonalidad con un bemol puede corresponder a la **tonalidad de Fa** o a la **tonalidad de Re**.

¿Cómo puedes diferenciarlas? Simplemente escucha—las tonalidades mayores generalmente suenan "felices"; las tonalidades menores generalmente suenan "tristes". La pista 52 está en tonalidad de Mi menor.

52 House of the Rising Sun

Suena menor o "triste". Aquí va otra (pero en tonalidad de La menor)...

53 Scarborough Fair

Definitivamente es un buen momento para hacer otra pausa.
Toma el control remoto y conviértete en un telespectador pasivo por
un rato, ¡te lo mereces!

LECCIÓN 10
¿Te sientes con ganas de tocar blues?

Antes de que aprendamos a tocar blues, debemos aprender otra nota…

Nota: Mi bemol

Hace tiempo que no aprendes notas nuevas, ¡así que esperamos que no hayas olvidado cómo funciona un diagrama!

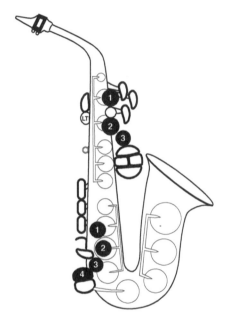

Mi bemol se coloca en la misma línea que Mi, con el símbolo bemol apropiado al lado. Agrega la llave de octava para obtener una octava más alta:

llave de octava

aguda

Mi bemol

 CÓMO FACILITAR LA DIGITACIÓN: La nota Mi bemol es un **semitono** más alto que Re. Toca Re, luego agrega media tonalidad debajo del dedo 4 de la mano derecha.

Intenta tocar tu nota nueva en una escala de blues que comience en Do baja:

 **Escala Do blues**

54

La **escala de blues** (que acabas de tocar) está estrechamente relacionada con la escala menor, pero tiene dos características únicas: tiene solo siete notas y emplea un **tono completo (T) y un semitono (S)**(T+S):

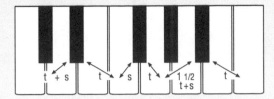

Intenta tocar otra escala de blues—esta vez La será la nota fundamental...

🔊 Una escala de blues
55

Puedes crear riffs de blues increíbles con este patrón de escala (o simplemente con partes de él).

☞ IMPORTANTE: La siguiente canción tiene un **1.º** y **2.º final** (indicado por llaves y los números "1" y "2"). Toca la canción una vez hasta las barras de repetición (1.º final), luego repite desde la medida 1. La segunda vez, saltea el 1.º final y toca el 2.º (último) final.

🔊 Blues más rápido
56

Memoriza todos los patrones de escala: ¡mayor, menor y blues!
Úsalos para crear riffs increíbles, escalas y melodías de solos para otras
notas fundamentales.

LECCIÓN 11
¡Tienes estilo!

La manera de tocar es tan importante (sino más importante) que lo que tocas. Aquí presentamos algunas técnicas para darle un poco de estilo a tu música...

Glissando

Un lindo efecto en la música de saxo es el **glissando**. Consiste en deslizarse de una nota a otra, tocando (pero sin articular) las notas intermedias muy rápidamente.

Los glissandos se usan más comúnmente entre notas con una distancia de una octava. (Pero, oye, puedes tocar un glissando entre dos notas cualquiera). Escucha dos ejemplos de la pista 57:

Toquemos un glissando de Re a Si. Toca Re y luego libera en orden las llaves inferiores rápidamente (mientras continúas soplando) hasta que llegas al dedo 1 de la mano izquierda (Si):

My Bonnie
58

Trino

Otra buena técnica es el **trino**, que consiste en alternar rápidamente entre dos notas que están cerca entre sí (generalmente con un semitono o un tono completo de distancia). Escucha cómo suena en la pista 59:

59

Comienza con la Sol, y libera y presiona rápidamente la llaves del dedo 3 de la mano izquierda para hacer un trino entre Sol y La:

Just Trillin'
60

Ligado

Una línea curva llamada **ligado** se parece a una **ligadura**, excepto que aparece sobre (o debajo) de dos o más notas diferentes (las ligaduras se usan entre notas iguales). Un ligado te indica que debes tocar las notas lo más suavemente posible y solo articular en la primera nota.

Escucha la pista 61 y observa en qué notas se articula. Luego inténtalo tú.

CONSEJO PARA TOCAR EL SAXOFÓN: Continúa soplando a lo largo de una frase ligada de música. Articula en la primera nota únicamente e intenta no respirar durante la frase ligada.

My Sunshine
61

Staccato

Lo opuesto a un ligado, un **staccato (o picado)** consiste en tocar brevemente. Esto se indica con un puntillo por encima o por debajo de la cabeza de nota. Para tocar un staccato, articula en la nota pero solo en el sonido "t" (no el sonido completo "taaa"). Escúchalo y luego inténtalo tú:

Staccato Funk
62

Un cantautor generalmente indicará estas técnicas en una canción. pero no temas improvisar. Simplemente indica los lugares apropiados en la música para un glissando, trino, ligado o staccato y ¡dales rienda suelta!

TODO, INCLUIDA LA SINCRONIZACIÓN

Además de las técnicas para tocar el saxofón, existen técnicas de ritmo que verdaderamente pueden animar una melodía que de lo contrario sería monótona...

Síncopa

Síncopa significa "tocar las notas fuera de tiempo". Hace que la música suene menos predecible (¡y es estupendo para bailar!). Escucha un ejemplo no sincopado:

No del todo
63

Con la síncopa, muchas veces encontrarás ritmos nuevos como el patrón de **octavo-cuarto-octavo** y el patrón de **octavos ligados**. Escucha la pista 64 mientras cuentas y luego intenta aplaudir al son del ritmo.

contar: 1   2   3 y (4) y   1, 2, 3 (4)   1   2 y (3) y 4   1, 2, 3 (4)

Con un poco de práctica, empezarás a reconocer y tocar estos patrones sin necesidad de contar.

Ahora, prueba la misma canción de la pista 63 anterior, pero esta vez con síncopa:

Simplemente perfecto
65

Aún puedes percibir el tiempo, pero definitivamente tiene un estilo más animado.

¡Ahora es tu turno!

Intenta tocar estas canciones conocidas con síncopa. Haz énfasis en las notas que tienen acento ">" en la cabeza de nota (la mayoría de ellos no aparecen en el primer tiempo)...

🔊 66 Tienes un saxofón en tus manos

🔊 67 St. James Infirmary

¡La síncopa es así de fácil! Vuelve a practicar lo que se detalla en esta página; ¡apuesto a que no puedes contener las ganas de bailar!

COSAS QUE DEBES SABER

Estamos llegando al final del libro (y a la gran improvisación de jazz final). Entonces, tomémonos un momento para aprender un par de cosas importantes acerca de tu saxofón no relacionadas con la interpretación en sí.

Transportar

Si tocas con una banda, puedes notar que la música que ellos leen aparece en una tonalidad diferente que la que tú lees. ¡No tengas miedo!, ¡La música está bien! El saxofón es un instrumento **transportador**. Los saxofones alto y barítono se basan en la tonalidad de Mi bemol; los saxofones tenor y soprano se basan en la tonalidad de Si bemol.

Sin embargo, un piano, una guitarra y un bajo se basan en la tonalidad de Do. Esto significa que si tocas una Do en un piano y una Do en un saxofón al mismo tiempo (una banda de un solo hombre), escucharás dos notas diferentes. El saxofón alto en realidad sonará como la nota Mi bemol del piano. (¿Por qué? Simplemente basta decir que es la manera en que están construidos los instrumentos).

Para compensar esta diferencia, la música se "transporta" a las tonalidades correctas para cada instrumento de manera que todos toquen notas que **suenen** igual.

Entonces, si la parte de un saxo alto es esta...

la misma parte para el piano sería esta...

Cuando compres música para tocar con una banda, asegúrate de que las partes individuales estén transportadas.

Impecable

A menos que hayas conseguido tu saxofón gratis (¡suertudo!), haz invertido un poco de dinero. Por lo tanto, es importante mantenerlo en buenas condiciones, y eso significa mantenerlo limpio y seco.

Es fácil limpiar tu saxofón. Puedes comprar un paño de limpieza personalizado a un proveedor de instrumentos, o puedes hacer uno tú mismo.

 Ata un extremo de un cordón alrededor de la punta de un paño suave.

 En el otro extremo del cordón, ata una pesa pequeña de un material que no raye el saxofón. (Un imán es adecuado).

 Quita el cuello y la boquilla, y coloca la pesa dentro del cuerpo del saxofón.

 Coloca el saxofón hacia abajo hasta que la pesa salga del cuerpo por la parte del cuello del saxofón.

 Tira el paño lentamente para sacarlo del cuerpo del saxo.

 Repite los pasos 3 a 5 varias veces y sigue los mismos pasos para el cuello del saxo.

 Lava la boquilla con agua tibia (¡sin jabón!) y sécala bien.

 Reemplaza las lengüetas desgastadas todas las veces que sean necesarias.

LECCIÓN 12
Es hora de cobrar la entrada...

En realidad esta no es una lección...¡es una improvisación de jazz!

Todos los libros de FastTrack™ (saxofón, guitarra, teclado, bajo y batería) tienen la misma lección final. De esta manera, puedes tocar tú solo junto con las pistas o formar una banda con tus amigos.

Entonces, ya sea que la banda esté en el audio o en tu cochera, que empiece el show...

Exit for Freedom

68 sin saxo · 69 bando completa

A Introducción — Rock pesado

B Verso

C Solo de guitarra

D Final

Unplugged Ballad

Billy B. Badd

72 sin saxo   **73** bando completa

A Introducción
Rock n' Roll

B Verso

C Puente

D Final

glissando

¡Bravo! ¡Otra!
Recuerda practicar a menudo y siempre intenta aprender más acerca de tu instrumento.

¡ESPERA! ¡NO TE VAYAS TODAVÍA!

Si bien esperamos que revises el libro completo una y otra vez, pensamos que te gustaría tener una hoja de referencia, donde puedas consultar todas las notas que haz aprendido (y muchas que todavía no has aprendido). Bien, ¡feliz cumpleaños!

Digitación

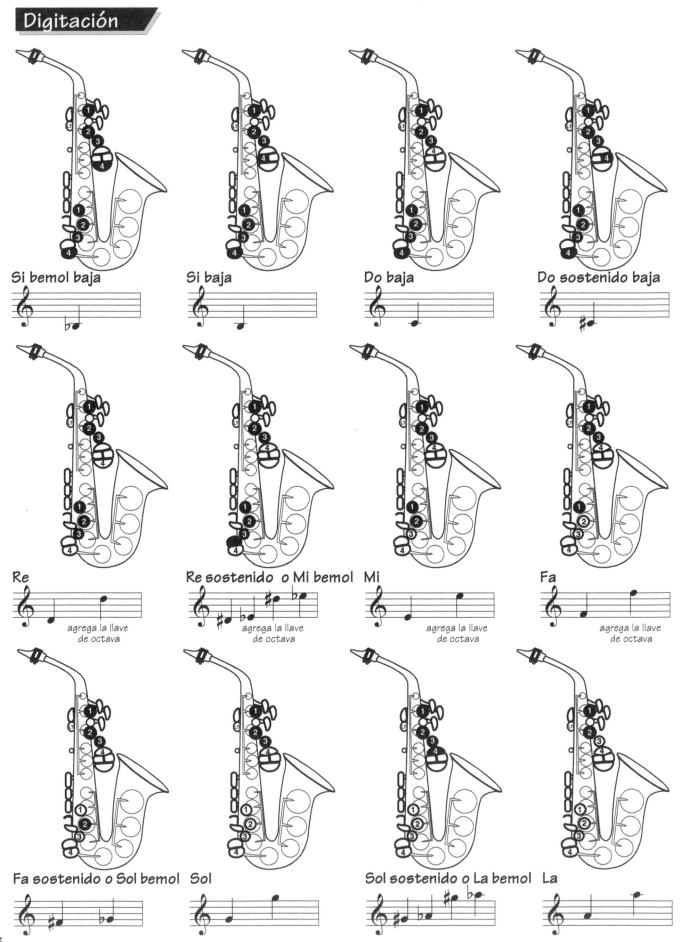

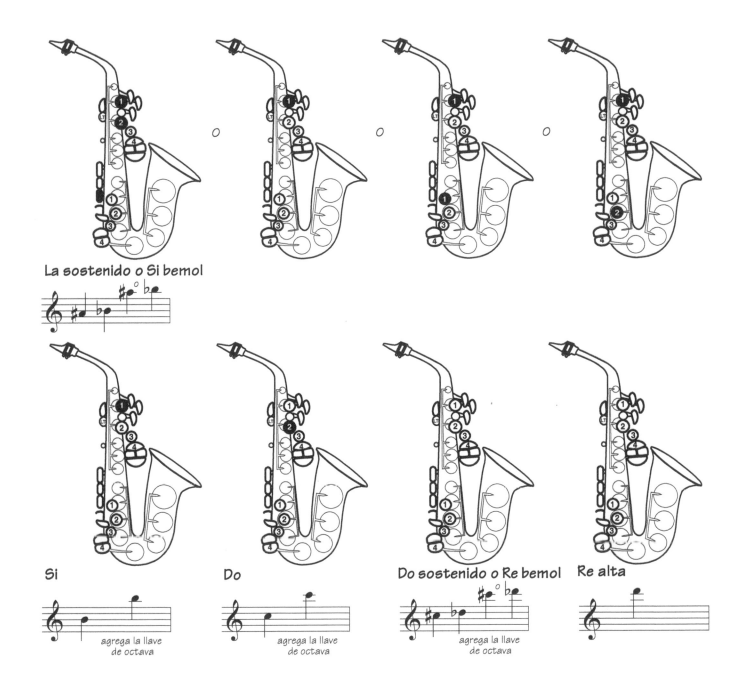

La sostenido o Si bemol

Si

agrega la llave
de octava

Do

agrega la llave
de octava

Do sostenido o Re bemol

agrega la llave
de octava

Re alta

¿Y ahora qué?

He aquí algunos consejos que te ayudarán a seguir perfeccionándote en el saxofón:

 Repetir es la mejor manera de aprender. Revisa los ejercicios de este libro una y otra vez hasta que sepas tocar fácilmente todas las notas sin siquiera pensar en la digitación.

 Compra el libro de canciones para saxofón FastTrack™. ¡Incluye canciones fabulosas de The Beatles, Clapton, Hendrix y muchos más!

 Disfruta de lo que haces. Ya sea practicar, interpretar, improvisar o incluso limpiar tu saxofón, hazlo con una sonrisa. La vida es demasiado corta.

Nos vemos la próxima...

ÍNDICE DE CANCIONES

(... ¿qué libro estaría completo sin uno?)